KARL LEWE

Das geheime Sehen

Gedichte

AF280338

world internet books

KARL LEWE

Das geheime Sehen
Gedichte

INHALT

© 2022, KARL LEWE
Herstellung und Verlag:
BoD – Books on Demand, Norderstedt
ISBN: 9783756873722

KARL LEWE

Das geheime Sehen

Die Gegenwart

Die gegenwart
der ort
wo der fluss
des lebens fließt
da treffen sie
zusammen ...
die freiheit
die gelassenheit
die poesie
und ich habe
mich dort angesiedelt

Das Geheimnis

Dem leben einen
guten impuls geben
der impuls setzt
sich fort ...
in den handlungen
in den begegnungen
das geheimnis des
lebens

Am Anfang

Am anfang
war mein
schrei ...
es hörte
und wusste
zu dieser
welt gehöre
ich nicht
das es
wurde zum
ich eine
welt in
einer welt

Wohin ...

Wohin soll ich
gehen meine mutter
spiel mit den
anderen wohin ...
sie sagten
sei ein teil
der gesellschaft ...
scheu sagte ich
in mir ist
mein ort und
heute
ja
in mir

Der Spiegel

Von weitem glanz
es kommt näher
ein großer spiegel
menschen kommen und
ziehen einen spiegel
aus der tasche
gehen in den
spiegel und murmeln
spieglein spieglein an
der wand ...
das schauspiel findet
kein ende und
ich falle in
einen traum und
fliege davon

Flüchtig

Hinter dem fenster
saß der dichter
die welt flüchtete
an ihm vorüber
in seinem auge
spiegelte es ...
welt halt an
zum betrachten ...
langsam wurde sie
sie sah den
dichter und schämte
sich ihrer flüchtigkeit

Die Welt

Immer begegnet uns
die welt ...
die große
die künstliche
die bestimmende
die rufende
komm komm
werdet eins
mit mir
doch ich
werde mensch
einfach mensch

Die Freiheit

Mir begegnete die
magie der freiheit
frei sein von
den zwängen der
anderen ... von
meinem spiegelbild und
eingehen in den
ort der freiheit
wo kein horizont
ist wo der
atem und das
leben auf einer
welle ruhen und
eines ist diesem
gleich ... selig
die rein sind
im herzen denn
sie werden gott
schauen

Durch die Wüste

Wasser zermalmt das
gestein so die
wörter ihr sollt
götter sein so
wurde ich wie
ein gott in
meinem herzen gab
mir meine eigenen
gesetze übertrat ich
sie vergab ich
mir wie nur
ein gott vergeben
kann ... so
gehe ich durch
meine wüste denn
die worte ihr
sollt götter sein
sind wie wasser

Der geheime Gott

Gott ist tot
wir haben ihn
getötet ... er
verbarg sich hinter
dem wir ...
es stärkte ihn
und heimlich fraß
das wir ihn
auf ... das
wir wurde zum
geheimen gott

Im Menschengarten

Es wurde gefragt
was ist die hölle
jeden morgen die lebenslüge
neu zu beginnen
es wurde gefragt
was ist der himmel
jeden morgen seine wahrheit
neu anzufachen
es wurde gefragt
was steht zwischen
himmel und hölle
die tägliche entscheidung
es wurde gefragt
was ist die liebe
die poesie des lebens

Der Engel

Heute ist der
hauch eines engels
der den tag
bestimmen sollte der
engel wohnt tief
verwoben in dir
geboren bei deinem
ersten lächeln der
hauch die wahrnehmung
deine einmaligkeit ...
das heute das
gerüst deines lebens
du bestimme denn
dein engel ist
stark

gezeichnet
der Engel

Das Nichts

Das gold der
menschen für jeden
zugänglich es braucht
keinen verein
keine kirche
keinen tempel
es ist frei
von der macht
von der gesellschaft
von gott
von illusionen
das nichts
die freiheit
das leben

Notwendigkeit

Um frei zu
sein und frei
von ursache und
wirkung und frei
vom gesetz auge
um auge und
zahn um zahn
liebe ich meinen
nächsten wie mich
selbst

Erinnere dich

Erinnere dich
wenn der
klebrige speichel
der gesellschaft
haftet ...
erinnere dich
wenn dein
eigenes spinnennetz
dich gefangen
hält ...
du kannst
fliegen wie
in deinem
traum ...

Die heutige Zeit

Die bunten luftballons
platzen die illusionen
bleiben auf der
strecke und ich
gehe unsicher in
den tag

Die Versuchung

Die welt nähert
sich bezaubernd ...
der große bruder
die hoffnung umarmt
zu werden sie
rückt näher sie
öffnet sich ...
da erinnere ich
mich ich bin
mir selbst nahe
mein herz die
wahrheit mein leben
ein universum ...
verwandle mich in
einen speer ...
die welt zerfällt
in tausend stücke

Er

Wie er
lacht ...
wie er
spricht ...
wie er
lebt ...
wie die
anderen ...
sie grüßen
er fühlt
sich geborgen
er nennt
es leben

Rabe

Ra ra ra
selbst gab ich
mir den namen
er ist die
erinnerung meiner vergangenheit
bevor ich dinge
benannte waren sie
sie funkelten wie
diamanten und alles
hatte licht wie
sonnen und alles
war eins wie
einer ich selbst
war licht doch
mein geist rumorte
wie ein vulkan
da benannte ich
alles mit namen
da zerbrach
das ganze
in stücke jedes
stück zog seine
eigene grenze und
ich in lichtflut
von sonnen wurde
schwarz ...
ra ra ra

Das Schloss

Jedes zimmer
gefüllt mit
einem traum
jede tür
ein wagnis
jedes fenster
eine flut
von leben
und der
böse zauber
das märchen
ist wahr
das gute
siegt und
eines tages
bewege ich
mich frei
im keller

Der Schlaf

Betrete den
raum ein
geschenk der
nacht mein
leben setzt
sich geordnet
zusammen ich
bin der
eigene große
bruder

Die Ungenauigkeit

Wir wissen nicht
das morgen stolpern
blind ins heute
das gestern in
der erinnerung im
nebel und die
geschichte eine kette
von illusionen und
ungeklärten fragen und
die wirklichkeit ein
deutungsversuch und nötig
brauchen wir einen
klaren geist

Angst

Das Kind hat
angst vor dunkelheit
es schreit wenn
es allein gelassen
wird die angst
verwoben im menschen
sie will das
ruder im leben
haben und du
bist der steuermann
dein bewusstsein leitet
dich und dein
geist deine letzte
instanz und du
wirst sehen

Wort

Du hast
die welt
erobert das
benannte ist
deine illusion
ja nein
paradies hölle
gott götter
wahnsinn wahrheit
doch das
wirkliche ist
frei

Die Menschen

Ja sie wissen
was sie tun
sie wissen noch
nicht dass das
leben heilig ist

Einsamkeit

Die einsamkeit ist der ort
wo die berge weichen
wo der himmel voll von
leeren gedanken hängt
wo der fluß
die farbe schwarz hat
gleich der wiese
wo ich ruhe
gleich meinem schatten
bin

Wohin

Saß am fluss
der wind an
meiner haut stellte
ich die frage
wohin gehst du
und sah dem
wind nach und
ging ... stellte
die frage wohin
soll ich gehen
traf die menschen
fragte sie ...
sie antworteten gehe
dahin gehe dorthin
ich ging ...
kam wieder zum
fluss spürte den
wind an meiner
haut fragte ...
öffnete meine tore
und ging in
mir

Ein Fluss

Wiesen böschung
wind wasser
schiffe genieße
bin auf
einem schiff
geboren ...

Der Fluss

breit mächtig
gehe zur
quelle der
duft von
wasser trinke
der durst
ist gestillt

Der Fluss Heute

Schmutzig gefährlich
reinigt sich
nicht selbst
kein bild
des lebens
ein bild
des menschen
der fluss

Der Fremde

Wer ist er
der fremde im
spiegel ich erschrak
ging auf wanderschaft
sah eines tages
den klaren fluss
sah hinein und
ich bin ich
geworden

Die Reisen

An anderen orten
geht es mir
besser so reiste
ich von stadt
zu stadt das
paradies war inbegriffen
im alter legte
ich die illusionen
ab und lebe

Es geschah

Es geschah am
rhein eine künstlerin
sammelte strandgut sie
schaute den wellen
nach die zeit
verstrich ich besuchte
die kunstausstellung strandgut
da sah ich
sie ihr kunstwerk
die welle plastikbahnen
in regenbogenfarben angeordnet
die umrandung weiß
wie ein fötus
am rande angespülte
sachen wie schuhe
puppe spielzeug tasse
teller und so weiter der
lebenshauch der welle
die geschichte der
dinge und die
einheit des lebens
war sichtbar

BIO/BIBLIO

Karl Lewe

*4. März 1952 in

Duisburg-Ruhrort

Meine ersten Lebensjahre verbrachte ich auf
einem Schiff.
Noch heute liebe ich den Fluss.
Schulbesuch regelmäßig.
Im mittleren Alter begann ich, Gedichte zu
schreiben.
Einige kleinere Lesungen habe ich gehalten.
Ich dichte, weil ich gesehen habe.

*

Dank an Claudia Sper. Ohne ihre Arbeit, die Textfassung
und Korrektur, wäre dieses Buch nicht zustande gekommen.
Dank auch an Fred Schywek für die Produktion.

Titelgrafik
Claudia Sper
KARL LEWE Das geheime Sehen
Edition Niederrheinische Dichtkunst – Poetry from the German West

world internet books

Production of the Authors
Duisburg am Rhein 2022 - GERMANY

SATZ
ANKERSATZ
Duisburg am Rhein
GERMANY
European Copyright 2022